SITUATION
ET
MOYENS DE DÉFENSE
CONTRE LES
ENVAHISSEURS

PAR

M. LÉOPOLD GUYAUX

COGNAC
IMPRIMERIE GUSTAVE BÉRAULD, SUCCESSEUR DE MORTREUIL
31, rue de l'Ile-d'Or, 31.

1870

A MES LECTEURS

Depuis le premier opuscule publié par moi, et dans lequel j'examinais le point de départ de la Prusse en même temps que l'effort titanique que la France doit faire pour reprendre sa situation politique et débarrasser le sol sacré de la lèpre germaine, depuis ce cri du patriote alarmé et douloureusement ému, que de faits imprévus, soudainement accomplis, sont venus donner raison à mon appel : Levez-vous tous ! oui, tous !

Là seulement est le salut du pays !

SITUATION

ET

MOYENS DE DÉFENSE

ROUTE POLITIQUE DE SEDAN A METZ

Tel empereur, tel maréchal.

La trahison de Sedan devait amener la vente de Metz.

Nous avions eu la simplicité de supposer à Bazaine, en dépit du Mexique, des sentiments français. Il nous semblait impossible qu'un homme d'épée en qui le pays avait placé sa suprême espérance, et qu'une voix, des plus intègres que l'oreille d'un peuple ait jamais entendue, avait surnommé « notre glorieux Bazaine, » pût d'un seul coup oublier les traditions d'honneur et de patriotisme dont notre armée a donné à toutes les époques de si nobles exemples, et passer sans transition de la gloire à l'infamie.

Si Bazaine l'avait voulu, à un moment donné, il aurait pu jouer dans l'histoire de France le rôle le plus éclatant que jamais citoyen ait rempli.

La mission, si véritablement rare, de sauver la Patrie, il la détenait des circonstances. César avait fui, entraînant dans sa défection cette foule de généraux plus propres à conduire un cotillon qu'une armée, et auxquels, au début de la campagne, le podagre, voué aux soins du docteur Nélaton, s'était plu à attribuer des commandements.

Un seul capitaine, une seule armée restaient au pays.

L'armée, splendide, se composait des soldats amassés autour de Metz, le capitaine, c'était Bazaine. Il y avait là une force invincible, de quoi broyer le prince Frédéric-Charles et marcher à la délivrance de Paris.

Qui donc a paralysé les réelles qualités du commandant en chef de l'armée du Rhin? Quel effroyable mystère gît sous la reddition de la plus forte citadelle de France?

Un seul mot explique le désastre : démoralisation!

Une seule chose explique aussi cette décomposition morale : l'empire!

En effet, séparer l'armée du pays, éveiller toutes les convoitises de l'ambition et rémunérer largement toutes les bassesses mises au service de la dynastie, telles furent les uniques préoccupations du *Sauveur du 2 Décembre.*

Ceci devait engendrer cela.

En voyant s'effondrer le maître, le serviteur a dû songer à tirer le meilleur parti possible de l'écroulement, sachant fort bien que les Républiques n'ont qu'une couronne civique à offrir aux talents, au courage des défenseurs du pays, au lieu de grosses dotations, de sièges au Sénat, et autres cumuls d'honneurs et de traitements, Bazaine a songé avant tout à lui. Tirer, dans le but égoïste de son ambition personnelle, le meilleur parti possible de la situation, voilà quelle a été sa constante pensée.

Loin d'essayer l'écrasement de l'armée prussienne, loin d'entraîner à sa suite, dans de glorieux périls, la magnifique armée qu'il avait sous la main, il a négocié avec l'ennemi, escarmouchant de ci, de là, pour tromper le pays et l'armée elle-même.

Des succès partiels étaient présentés par voie indirecte à la nation comme de véritables batailles, et aux soldats comme d'inutiles efforts pour traverser les lignes prussiennes et vaincre un ennemi dont on exagérait à dessein et le nombre et la force.

On avait fait miroiter aux yeux de Bazaine le titre de Régent. Guillaume était, dit-on, prêt à traiter avec lui. La paix faite, Bazaine marchait au nom de Napoléon IV. Les baïonnettes françaises étaient tournées contre les citoyens. Marseille, Lyon, Toulouse, Bordeaux, Paris enfin, étaient livrées au terrorisme militaire. Le maréchal, incapable de vaincre l'armée étrangère, couronnait son illustre vie des lauriers et des triomphes de la guerre civile. Après avoir cédé l'Alsace et la Lorraine à la Prusse, appuyé au moins moralement par celle-ci, il renversait la République, fusillait un peu ces canailles de républicains, en envoyait à Cayenne et à Lambessa une centaine de mille, et maître enfin de la France, où l'ordre aurait régné à la façon *de Varsovie*, il prenait ses aises avec le budget, que, de concert avec ses bons alliés les Allemands, il allégeait le plus possible de peur d'apoplexie.

Pour donner un corps à tous ces rêves, pour rendre possible une aussi monstrueuse tentative, il fallait tromper l'armée, calomnier la nation, amonceler les mensonges, et peu à peu corrompre et perdre le sentiment du devoir du drapeau, si vivace chez les troupiers. Aucune manœuvre ne répugna à Bazaine. Nous savons maintenant jusqu'où peut aller l'impudence des sicaires de l'empire. Il s'est trouvé, en 1870, un Français, un maréchal, capable de dire et d'écrire que la France avait appelé à son aide les hordes prussiennes pour rétablir l'ordre, et que des villes telles que Lille, Rouen, avaient fait marcher leur garde nationale côte à côte avec les envahisseurs pour garantir la vie et les biens des citoyens ! De là le découragement, le relâchement de discipline que les correspondances nous ont fait connaître ; de là l'explication qu'il ne se soit pas trouvé quelque homme énergique pour brûler la cervelle au traître Bazaine lorsque la capitulation de Metz a été chose conclue.

En effet, à quoi bon se battre ou se dévouer pour une nation perdue, qui se livre, qui s'abandonne elle-même à l'ennemi ? L'anarchie, cette métaphore favorite des ambitieux, devait servir une dernière fois pour amener sur la France la plus affreuse catastrophe que l'histoire ait jamais enregistrée.

Metz et Sedan sont les deux dénominations d'un même fait attribuable à la même cause : la corruption par l'ambition.

LA LEVÉE EN MASSE

Ce mot renferme quelque chose de retentissant et de sublime, qui doit sonner aux oreilles de nos ennemis plus formidablement que le rugissement des canons ou le crépitement des mitrailleuses ; c'est comme un glas de mort, de mort inévitable et prochaine.

Les souvenirs de 93 sont là, terrifiants. Ils disent d'une façon grandiose ce qu'est un peuple libre et qui veut le demeurer, se levant tout entier pour la défense de ses foyers, de l'honneur national, de son indépendance, pour la vengeance du sol outragé, de ses fils morts.

Rempli d'un saint frémissement, il accomplira, il accomplit déjà les miracles d'audace, d'héroïsme jusqu'à la mort, que réalisèrent les légions républicaines de la France de Danton et de Robespierre.

La levée en masse, c'est-à-dire tout le monde debout, tout le monde armé : l'adolescent et le vieillard, le paysan et le citadin, l'ouvrier et le bourgeois, l'avocat et le manufacturier, le pauvre et le riche, tous payant l'impôt du sang, l'impôt de l'honneur, de la délivrance, de la régénération de la Patrie !

Plus de castes, de partis : la sainte fraternité des armes et du danger rapprochant les extrêmes, la main calleuse et la main gantée communiant dans la mort sur le champ de bataille.

Dans un mois, nous pouvons avoir un million d'hommes sous les armes. Deux fois autant en deux mois.

Or, maintenant, les faits parlent assez haut.

Il est avéré que la trombe germanique entraîne dans

son tourbillon destructeur aussi bien ceux qui, activement ou passivement aident à son œuvre de mort, que ceux qui essaient de résister.

On a malheureusement à constater des cas fréquents d'espionnage exercés par des Français, indignes de ce nom, au profit des succès prussiens. Eh bien, je défie qui que ce soit de citer le nom d'une ville, d'un village, renfermant un de ces misérables traîtres, qui ait été pour cela moins pillé, moins souillé, moins dévasté qu'un autre.

Il faut donc que chacun sache bien ceci :

D'abord que, même au prix d'une infamie, on ne peut obtenir aucune impunité de l'armée ennemie, ensuite que ce n'est que par le concours de toutes les volontés, de toutes les intelligences, de tous les courages, des battements généreux de tous les cœurs unis aux forces vives de la nation, que nous obtiendrons la paix plus qu'honorable, glorieuse, qui est la seule que la France puisse accepter.

Ceci posé, la part des auxiliaires qui restent dans nos foyers est toute faite.

Diriger au profit de nos armées un système d'espionnage incessant, préparer la famine sur le passage des envahisseurs, exercer les jeunes gens non encore appelés sous les drapeaux au maniement des armes, enfin, à la dernière extrémité, les organiser en défenseurs actifs et énergiques pour protéger la retraite des femmes et des enfants, voilà le rôle qui incombe naturellement aux hommes au-dessus de quarante ans, et surtout aux anciens militaires et à ceux à qui une intelligence plus développée permet de prendre l'initiative de certaines mesures.

La première de toutes est celle-ci, indiquée du reste dans une circulaire de Gambetta : « Aussitôt que l'ennemi est signalé à quelques jours de marche, que quelques hommes, élus au besoin par leurs concitoyens, et cela en un seul vote, s'érigent en comité des subsistances, visitent les habitations, fermes ou châteaux, laissent dans chacune d'elles les approvisionnements nécessaires jusqu'au jour présumé de l'arrivée de l'ennemi, et, après avoir, sur un registre signé du comité et de la commission municipale, constaté les denrées appartenant à chacun, mettent en réquisition tous les moyens de transport afin de conduire le tout au magasin du gouvernement le plus rapproché, où il en sera pris livraison et soldé le montant, non pas en *bons sur le vaincu*, comme font les Prussiens, mais en bel et bon argent. »

Que, d'autre part, ce même comité sache quels sont les habitants qui doivent évacuer la localité ; que les femmes, les enfants soient sans retard dirigés sur une ou plusieurs villes non menacées par l'invasion ; que les nécessiteux soient transportés gratuitement et pourvus de secours au besoin.

Ces mesures de sûreté générale prises, qu'il soit fait à la mairie un dépôt scrupuleux de toutes les armes de chasse ou de luxe restant entre les mains des habitants, et qu'elles soient distribuées aux hommes valides et résolus à se défendre.

Surtout que tous ceux qui ne sont pas sûrs de leur courage quittent momentanément le pays ; il suffit d'un trembleur pour désorganiser la résistance.

Depuis la carabine de chasse du *Monsieur* jusqu'au vieux fusil rouillé du braconnier, tout doit être mis en état ; les faux doivent être aiguisées et emmanchées droites, les fourches de fer affilées comme des poignards.

Dans une guerre de rues, ces dernières armes sont terribles.

Si plusieurs routes conduisent à la localité menacée, les plus commodes seront rendues complétement impraticables par des abattis d'arbres, des tranchées, des morceaux de verre, des tessons, de vieux clous, enfin tout ce qu'on pourra se procurer de débris aigus ou coupants, semés à profusion sur le sol.

Tous ces préparatifs réclament la plus grande célérité.

S'il existe en avant du bourg ou de la ville une ou deux maisons isolées, on y entassera le foin, la paille, les fourrages qu'on n'aura pas pu transporter ; le tout sera sacrifié, et au premier Prussien qui paraîtra, le feu sera mis à ces brûlots dont la lueur sinistre suffira parfois à écarter les soldats, qui comprendront quel est le sort qui les attend au milieu d'une population qui les reçoit au son du tocsin et au pétillement de l'incendie.

Aux quelques femmes courageuses qui voudront rester auprès de leurs fils ou de leur mari, échecoit la mission de préparer ce qui est nécessaire au pansement des blessés, de fondre des balles.

Il serait bon qu'aussitôt l'ennemi proche, elles prissent le vêtement masculin.

Mais comment être averti assez à temps pour prendre tous ces arrangements ?

Voilà ce qui reste à organiser.

Il faudrait que dès à présent les jeunes gens de seize à vingt ans de chaque commune fissent à la fois un service d'espion et de courrier.

Chacun d'eux, à tour de rôle, et sans aucune exception, serait tenu de se rendre à la commune voisine pour y prendre, au poste qui serait établi pour ces sortes d'éclaireurs volontaires, les renseignements recueillis en avant et les rapporter chez lui, où d'autres éclaireurs viendraient les chercher à leur tour.

C'est ainsi que d'un bout de la Gaule à l'autre, nos aïeux se transmettaient les nouvelles.

Par ce moyen aussi, les villages se mettraient entre eux en relations quotidiennes et pourraient par des signaux convenus, surtout des feux allumés sur les hauteurs, appeler à leur aide les habitants des localités environnantes.

Ces précautions prises d'avance permettront de faire des ouvrages présentant une certaine difficulté, comme par exemples des barrages construits avec quelques troncs d'arbres consolidés par de la marne et des torchis de paille. Ces barrages sont destinés à élever le niveau de tous les cours d'eau se dirigeant vers la route à parcourir par l'ennemi. A un moment donné, un seul homme armé d'une hache peut abattre une partie de l'obstacle improvisé et déchaîner une trombe d'eau sur les détachements ennemis.

Dans tout ceci, je n'ai indiqué que les moyens généraux qu'un groupe, un hameau, une petite ville peuvent employer, et j'ai à dessein laissé de côté le dévouement, le courage individuel qui, soutenus par la masse, deviendraient plus fréquents et plus ardents.

Ce dévouement inspirerait à beaucoup l'idée de certaines embuscades, qu'une reconnaissance complète du pays peut seule rendre efficaces.

Seulement, il faut le répéter encore et encore, le concours de tous est indispensable, et tel qui se croyait inhabile à toute conception énergique peut, à un moment donné, trouver dans son cœur de patriote, broyé par le contre-coup de nos revers, une inspiration qui le fera avoir sa part dans le sauvetage de la Patrie en péril.

LES AUXILIAIRES DE L'ARMÉE

Une fois la levée en masse déjà décrétée réalisée, voyons ce qui restera dans nos foyers et le rôle qui appartient à ceux que leur âge, leur sexe ou leur faiblesse dispensent de marcher au-devant du danger.

Ce rôle, beaucoup trop oublié jusqu'ici est immense.

La répugnance que l'autorité militaire éprouvait sous l'empire, à profiter du bon vouloir de quelques gens dévoués s'offrant à renseigner les chefs ou bien à guider les éclaireurs, a eu pour résultat immédiat de faire des traîtres.

Les quelques paysans qui essaient vainement de transmettre à nos généraux des renseignements quelquefois d'une grande importance, se voyant repoussés ou accueillis avec une légèreté presque insultante, sentaient fort bien qu'ils n'avaient aucune protection à recevoir de ces états-majors frivoles qui, en quittant leurs garnisons respectives, promettaient à leurs amis de leur rapporter une pipe Kummer achetée à Berlin.

Un vieux proverbe dit : « Quand on ne peut pas se confesser à Dieu, on se confesse au diable. »

Congédiés insoucieusement par les chefs français, les paysans ont cherché à abriter leurs récoltes, leurs fermes, leurs bestiaux sous un service rendu à l'ennemi.

Voilà comment il se fait que tant de corps d'élite, francs-tireurs, tirailleurs, volontaires, non-seulement dans la plupart des villages, ne peuvent obtenir ni abri, ni nourriture, mais encore ont été comme les partisans du Gers livrés aux Prussiens ou failli l'être comme Bombonnel et sa vaillante troupe.

La fièvre patriotique, lente à venir d'abord, dévore à cette heure le pays tout entier. Les plus humbles communes s'imposent pour la défense. Des corps innombrables de volontaires battent la campagne, fouillent les bois, guettent l'ennemi. De chaque buisson sort l'arme vengeresse destinée à frapper dans son insolent triomphe le stupide Vandale qui prétend nous apporter la civilisation sur les ailes de la spoliation et du viol.

Partout le frémissement de la révolution se fait sentir et combat pour nous ; les peuples qui auraient tout à perdre à l'écroulement de la République française nous envoient les plus nobles et les meilleurs de leurs enfants. Notre nation devient le rendez-vous des intelligents et des héroïques du monde entier.

Des armes! diront les sceptiques. Nous avons et nous aurons pour armer autant de bras qu'il existe de citoyens valides. Les mesures radicales empreintes du grand souffle révolutionnaire qu'a prises le Gouvernement de la Défense nationale sont là pour attester qu'avant peu commencera l'entier écrasement de l'armée envahissante.

L'armée de Bretagne, sous les ordres de Kératry, voit son effectif s'accumuler rapidement et pourra prochainement entrer en campagne. L'armée de la Loire, vaillante et disciplinée, se prépare à chasser devant elle les ennemis et à les écraser contre les murs de Paris, après leur avoir repris Orléans. L'armée de Garibaldi, renforcée de mobiles, est déjà en mesure de balayer les Vosges et pourra bientôt prendre une offensive sérieuse.

Enfin les troupes placées sous le commandement de Bourbaki, si ce chef n'a pas d'arrière-pensée impérialiste, suffiront à arrêter les corps détachés de l'armée du prince Frédéric-Charles pour envahir le Nord.

Donc, silence aux égoïstes, aux trembleurs, heureusement fort rares. Debout tout le monde ! Paysan, défend ton champ, citadin ta ville ! Il faut que l'infâme Bismark qui veut rayer le nom de France de la carte de l'Europe, qui veut bombarder Paris, qui rêve peut-être la restauration du lâche de Sedan, qui escomptait d'avance nos dissensions civiles, qui les soudoyait devant notre formidable attitude, notre union, nos inévitables victoires, devant nos bouillantes indignations, notre mépris, notre soif de la mort pour la Patrie, tombe à genoux pour nous demander comme une grâce cette paix qu'il nous a refusée !

www.ingramcontent.com/pod-product-compliance
Ingram Content Group UK Ltd.
Pitfield, Milton Keynes, MK11 3LW, UK
UKHW020503220726
13923UKWH00006B/2733